AF200627

@ 2018
Herstellung und Verlag : BoD –Books on Demand, Norderstedt
ISBN: 9783746078250

Arthur D. Mueller
fünf Köpfe oder vier

Arthur D. Mueller wird kurz nach Ende
des 2. Weltkrieges in einem kleinen Dorf
in Hessen geboren . Nach seiner schuli-
schen Ausbildung ergreift er den Beruf
des Kaufmanns . Im Dienst eines grossen
Konzerns lernt er Land und Leute kennen ,
nach einigen regionalen Stationen auch
seinen jetzt langjährigen Wohnort Düssel-
dorf . Schon seit seinem 10.Lebensjahr hält
er besondere erlebte Situationen schrift-
lich fest , vieles in Versform .
In „fünf Köpfe oder vier" wird ein kleiner
Auszug aus seinem Fundus erstmals zur
Veröffentlichung gebracht .

Arthur D. Mueller

fünf Köpfe
oder vier

- Gedichte
- Gedanken
- Glückwünsche

Sie ist wie der April

braune Augen schaun mich an ,
so gross , so warm , so inniglich ,
sie flüstert leise   „ich liebe dich"
und haucht „ oh du , mein toller Mann" !
Oh was für eine Harmonie ,
ich liebe sie !

Ich komm mir vor , ich weiss nicht wie ,
noch gestern war es wunderschön ,
heut spricht Sie nicht , bufft mich nur an ,
was habe ich Ihr nur getan ?
Scheiss drauf , es ist mir auch egal ,
sie ist und bleibt ein schwerer Fall !

Sie ist wie der April ,
sie weiss nicht was sie will .
Ich könnt sie an die Decke kleben ,
niemals nicht ohne sie leben .

April , April , der ......

Es reißt mich her und hin ,
weiß schon nicht mehr wer ich bin ,
kann mich mal schlechter , besser leiden
und dann auch wieder nichts von beidem .

Vom Märzengrün mein Aug´ tut weh ,
versteck es unter neuem Schnee ,
rufe die Sonn´ am nächsten Tag ,
befehle , dass sie warm scheinen mag
weil ich das Weiss nicht länger mag .

Mir schmerzt der Kopf und auch das Bein ,
das kommt vom hellen Sonnenschein ,
mein Freund , der Sturm , macht ihr Garaus ,
verbannt sie hinters Wolkenhaus ,
lässt sie tagelang nicht raus .

Beleidigt ist sie , ei der Daus ,
eingelullt im Wolkenhaus
und kommt freiwillig nicht mehr raus .
In meine Glieder zieht die Gicht ,
doch all mein Flehn erhört sie nicht ,
mein Freund , der Sturm , ob meiner Pein
vertreibt die Wolken , ... Sonnenschein !

Es reißt mich her und hin ,
weiss jetzt wieder wer ich bin ,
bin der , der nie weiss was er will ,
ich bin es , der April .
Ich hoffe , mit mir ist´s bald vorbei
und es wird endlich Mai .

7

ein braver Mann

Jetzt ist er 60 . , unser Freund ,
der schon als Freundchen einer war ,
der trotz allem her und hin ,
Kindheit , die nicht wunderbar ,
Werte , Ziele fest im Sinn .

Ganz fest nimmt er sie in den Blick ,
die Welt , so wie sie sich ihm stellt .
„In der ,da hol ich mir mein Stück ,
gerade so , wie´s mir gefällt ,
so mach ich´s , ich weich nicht zurück !“

So geht er stetig seinen Weg ,
setzt nach vorne Schritt für Schritt ,
verschnauft auch mal auf einem Fleck ,
nichts bringt ihn wirklich ausser Tritt
und die Seinen nimmt er mit .

Alles , was sein , das hält er fest ,
liebt und hegt es und beschützt ,
steht´s irgendwo mal nicht zum Best
wird ohne Zögern unterstützt
von Anfang an und bis zuletzt .

Jetzt sitzt er manchmal auf der Bank ,
hat Gold im Safe und Geld im Schrank ,
blickt auf sein Lebenswerk zurück
und könnte bersten schier vor Glück ,
doch sitzt die Zukunft im Genick !

Da kann noch dies und das passieren ,
es schlechter und nicht besser sein ,
wie kann man sich dagegen wehren ,
wie könnte man sich davor feih´n ?
„Das bis hierher soll dich lehren ! "

„Sich fest auf sich verlassen können ,
ist eine der wunderbarsten Gaben ,
dass das so bleibt ist dir zu gönnen ,
dann brauchst du keine Sorgen haben ,
bleibt dir Gesundheit noch beschieden ,
dann wird die Zukunft ein Vergnügen .

Eijeijeijeijei

Eijeijeijeijei jammerts Gretchen ,
wie ist das so heiss
und der Karl sagt „es ist Juli , mein Mädchen"
und sein Mädchen „ ich weiss
und trotzdem ist es mir zu heiss ."

„Den ganzen Tag Sonne und kein bisschen Schatten ,
ein Klima ist das wie wir´s noch nicht hatten ,
so eine Hitze , ja so eine Hitze ,
ei guck´ wie ich schwitze , ei guck´ wie ich schwitze "
und der Karl der sagt „ Gretchen , ich weiss ,
es ist mitten im Juli und da ist es halt heiss ,
kühl dich ab und iss mal ein Eis !"

Auf´s Wort folgt das Gretchen und kauft sich ein Eis ,
nimmt Erdbeer , Zitrone und ganz neu „Aubergine" ,
ganz kühl ist ihr jetzt , überhaupt nicht mehr heiss ,
doch auf Aubergine , da reimt sich   „Biene" ,
die fliegt auf das Eis , bevorzugt Zitrone
und die Eistüte wird zur Krisenzone .
Bei Gretchen ist Hektik ausgebrochen ,
die Biene hat ihr in die Lippe gestochen .

Ein Scheiss-Vorschlag war das , das mit dem Eis ,
natürlich vom Karl , so jammert das Gretchen ,
ihr ist nicht mehr kühl , schon wieder heiss
und am liebsten wär sie nicht mehr Karl´s Mädchen .
Sie nimmt Papier und auch einen Kuli
und schreibt auf das Blatt ;
                    Scheiss - Karl und Scheiss – Juli !

Fünf Köpfe oder vier

Klein Willi hat seit Tagen Wut ,
sein Vater Klaus , der hört nicht gut ,
der will und will es nicht verstehn ,
was er am Bauernhof gesehn .

Da war ein zweibeiniges Tier ,
fünf Köpfe hat´s , vielleicht auch vier ,
und Federn , riesig , grün und blau .
„Willi , ja ‚das ist ein Pfau ‚“
sagt Vater Klaus zu seinem Sohn
und das in amüsiertem Ton .

Klein Willi fängt das Schreien an ,
er Vaters Ton nicht leiden kann ,
„das ist ein Fabeltier“ , brüllt er ,
„das schlägt ein Rad und fliegt umher ,
das hat mich angesehn , gesagt ,
dass es zu mir kommen mag ,
dass es bleiben will für immer ,
nur mit mir in meinem Zimmer .“

„Willi , das geht nie und nimmer ,
der Pfau , der passt nicht in dein Zimmer ,
genauso nicht ein Fabeltier
mit fünf Köpfen oder vier .“
„Du bist gemein“ , der Willi schreit ,
„ich gebe dir drei Tage Zeit ,
ist dann mein Fabeltier nicht hier ,
dann hau ich hab , das glaube mir “ .

Klaus sitzt gegrämt am Arbeitsplatz ,
sein Sohnemann , sein kleiner Schatz ,
schreit wie am Spiess schon ein , zwei Tage ,
ist für die Nachbarn eine Plage .
Wie man dem Sohn nur helfen kann
fragt er bei den Kollegen an .
Die kennen Willi , schätzen Klaus
und denken sich die Lösung aus ,
sie kennen Raumausstatter Klemm
und der , der löst dann das Problem !

Willi hat sein Fabeltier ,
das hat fünf Köpfe , nein , nicht vier ,
liegt als Teppich in seinem Zimmer
und bleibt für immer .

Es war eine schöne Reise

Es war eine schöne Reise ,
die Luft war so mild
und der Wind so wild
und die Ruhe ganz leise
und das Meer blau und weit ,
unverplant unsere Zeit
und so grün die Felder
und der Raps täglich gelber
und dann Lemkenhafen ,
wo wir die Aalkate trafen ,
ich denk an Flens und Fischfrikadellen
und den Blick auf die Wellen .
Wir in Lemkendorf Torten
auf unseren Tellern horten
und dann die „Burgklause" ,
die du für uns entdeckt ,
fast wie ein fernes Zuhause
in dem so köstlich es schmeckt .
All diese Eindrücke grüssen ,
„ach Tochter , du bist zum Küssen."
   (Ich freue mich still und leise −
        auf die nächste gemeinsame Reise)

verloren , gefunden

ach du Schönste , Liebste , Holde ,
wenn ich dich je verlieren sollte ,
musst nicht weinen , unter Linden
werden wir uns wiederfinden ,
ist dort vergebens all mein Suchen ,
versuch ich's weiter unter Buchen
und sollt auch dies vergebens sein ,
spür schon den Frost , in Herz , Gebein
fällt mir Gott sei Dank noch ein ,
versuchs in ihrem Kämmerlein .
Oh , du all mein Glück ,
ich habe dich zurück !

die Zeit und ich

Die Zeit vergeht , sie rastet nicht ,
auch wenn es manchmal wäre schön ,
wenn man aus seiner heut´gen Sicht ,
so manchen Schritt könnt´ rückwärts gehn .

Sich selbst nicht ganz so wichtig nehmen ,
den Andern nehmen wie er ist ,
sich dessen Macken nicht zu schämen ,
insbesondre nicht vergisst :
„ein jeder muss sein Leben leben ,
weil es nun mal sein eignes ist .

Wir hatten manche schöne Stunde
in friedlicher Familienrunde ,
doch hätt´s viel öfter können sein ,
denk ich so für mich allein ,
hätt ich gewusst , wie das so ist
wenn man jemanden vermisst ,
der jetzt auf einer Wolke sitzt .

Gebet eines Zehnjährigen

Wohns´t du „in der Eck" ,
kommst du nie vom Fleck ,
all dein Bemüh´n hat keinen Zweck ,
du bist und bleibst ein Häuflein Dreck .

Du bist drin , kommst nie mehr raus ,
bist ausgesperrt in diesem Haus ,
da gibt´s nur Arbeit , Müh´ und Plag´
und das an jedem , jedem Tag ,
da gibt es Tränen , davon viel ,
da bleibt dir fremd der Kinder Spiel ,
weißt nicht , was „Schnitzel jagen" ist ,
du bist und bleibst ein Häuflein Mist .

In Finsterbach , da „in der Eck" ,
blickst „Du , Hoch Oben" meistens weg ,
in Deiner ach so großen Güten
lässt du den Franz besoffen wüten ,
lässt versaufen ihn das letzte Geld ,
kein Zeichen , dass es Dir missfällt .

Herr , Du in Deiner grossen Güten ,
lass doch den Franz woanders wüten ,
führ ihn weg , weit fort , weit weg ,
gib uns Frieden „in der Eck",
schenk Mutter das verlor´ne Lachen ,
ich will auch alles recht Dir machen !

Geliebte Frau ,

einen schönen Geburtstag , den wünsche ich dir
und alles Liebe und Gute und Blümchen von mir ,
 doch leider , ja leider , hier nur auf Papier .

Weil du so krank warst , da konnt ich kaum denken
und hab ganz vergessen , dir für heut´ was zu schenken .
Blümchen aus Papier hab ich im Schrank noch gefunden
und diese ganz schnell zum Kärtchen gebunden .

Ich hoffe , dass du das Kärtchen magst
und es dir anschaust und dich fragst
wo all diese schönen Blumen stehn ,
wo kann man sie riechen , wo kann man sie sehn ?

Ich weiss sie zu finden und führ´ dich gern hin ,
im Park , nah´ den Linden , da blüht der Jasmin ,
Rosen so rot und auch weiss wie der Schnee ,
schau nur , wie schön , nah der Kastanienallee .

Kornblumen , Mohnblumen , dort auf dem Feld ,
Tulpen so bunt , überall auf der Welt ,
Schneeglöckchen ,Veilchen , gleich bei uns um die Ecken
auch Osterglocken und Wildrosenhecken .

Du liebst alle Blumen , das find ich so schön
und wünsch mir so sehr dass es dir gut soll ergehn ,
dass Gesundheit dich begleitet im neuen Lebensjahr
und Freude und Glück und dass das wird wahr .

Dass du frei bist von Sorgen und Wehmut und Leid ,
nicht nur denkst an morgen , nimmst heute dir Zeit
und machst genau das , was dir heute gefällt
und morgen , was morgen bei Laune dich hält .

Jetzt hab ich geschwafelt , bin ganz durch den Wind ,
wollt dir doch noch sagen , wo Stiefmütterchen sind ,
wo Bellies ich find ,
wollt geben dir einen dicken Kuss ,
ach komm , ich zeig dir noch den Krokuss ,
zu Tausenden liegen sie dir zu Fuss .

Eigentlich wollt ich dir nur gratulieren ,
weil du doch heute Geburtstag hast ,
nicht fabulieren und nicht sinnieren ,
aber doch , da war noch was ,
ich hatt doch sonst noch was im Sinn ,
„scheiss , das ich so vergesslich bin ,

  ich beiss vor Wut gleich in den Tisch :
mein Gott , ich hab´s , ich liebe dich" !

Es wünscht sich ....

Es wünscht sich der , der alles hat ,
was löscht den Durst
und macht gut satt ,
es wünscht sich so ein Mann ,
all das , was man nicht kaufen kann .

Gesundheit , das ist so ein Gut ,
für sich und alle , die er liebt ,
Glück rundherum und Lebensmut
und was es sonst zu wünschen gibt .

Zufriedenheit , das wäre schön ,
bei allen , die ihm nahe stehn ,
Sonnenschein auf allen Wegen ,
Liebe und ein langes Leben !

ich bin der Januar...

Ja , ich bin der Januar ,
bin anders als ihr denkt ,
bring´ Frost und Schnee , ja das ist wahr ,
nimm dies als ein Geschenk .

Der Frost , der lässt die Seele ruhn ,
du sammelst neue Kraft ,
der Schnee , der wärmet Wald und Flur ,
gibt Baum und Strauch den Lebenssaft .

Bald wird es wieder weitergehn
mit Hektik , Stress , auch Kummer , Pein ,
ruh dich jetzt aus und du wirst sehn ,
du bist gefasst , es kann gescheh´n .

Geniess mit mir vier Wochen lang
Ruhe , Frost und Eis und Schnee
und du singst noch im Maigesang
„der Januar war schön" .

Lieber   Freund ,

Da liegt es vor mir , das Papier ,
noch weiss und leer , was schreib ich dir ?
Was hab´ ich letztes Jahr geschrieben ,
was ist anders , was geblieben ?

Anders , nicht zu unterschlagen ,
worauf wir wenig Einfluss haben :
die grosse Welt , in der wir leben
durchläuft ein Zittern und ein Beben .

Die kleine Welt , all was wir lieben ,
wirkt ängstlich , vor sich hin getrieben ,
findet nur in sich noch Halt ,
gleich draussen ist es bitterkalt .

Die Liebe , die ist uns geblieben ,
der kleinen Welt Zusammenhalt ,
wir würden ohne sie erfrieren ,
würden in Eiseskälte (k)alt .

Familie heisst die kleine Welt ,
ist Lebenskraft , ist das was zählt
und wichtig ist für mich , ich schwör´s ,
dass du , mein Freund , dazu gehörst !

Herzallerliebstes Kind ,

wenn du heut´ diese Seite liest ,
dann ist ein Lebensjahr verronnen
und das Positive ist ,
ein neues hat begonnen .

Wie´s alte war ist heut´ Geschichte ,
das neue steht in neuem Lichte ,
es wird das Jahr der Heiterkeit ,
der Zuversicht , Gelassenheit ,
kaum Regenschirm , viel Sonnenhut
und ab und zu mal Übermut ,
es einfach mal so laufen lassen
und das Beste daraus machen .

Jetzt geht´s um dich , um hier und heute
und um dein neues Lebensjahr ,
wir wünschen dir von Herzen Freude ,
dass deine Träume werden wahr ,
Gesundheit dein Begleiter ist ,
du positiv und mutig bist !
(die alten Eltern nicht vergisst)

Dir täglich soll das Glück begegnen ,
es nicht in deine Seele regnen .
Sonnenschein auf allen Wegen ,
Liebe und ein langes Leben .
      Das wichtigste von allen Dingen :
      „was du dir wünschst , das soll gelingen"!

Februar

Der Februar ist verschneit und verfroren ,
Franz sitzt in der Stube mit hängenden Ohren ,
kann die Handschuhe nicht finden ,
wahrscheinlich gestohlen ,
hat nur Schuhe mit glatten Ledersohlen ,
seine warme Mütze ging ihm verloren ,
den Februar , den soll der Teufel holen .

Bruder Karl hat dieser Monat nur Pech gebracht ,
war mit dem Moped unterwegs in eisiger Nacht ,
am Himmel Vollmond und Sternenpracht ,
ein Bild , dass ihm das Herze lacht ,
bis er gegen eine Laterne kracht ,
die sein Moped für alle Zeit unbrauchbar macht .

Jetzt sitzen Karl und Franz hinterm Ofen zuhaus ,
ohne warme Klamotten traut der Franz sich nicht raus ,
war verabredet draussen mit Susimaus ,
wollt sie heut küssen , jetzt wird nichts draus .
Dem Karl ist das Laufen an sich schon ein Graus ,
sollt wegen Susimaus aus dem Haus ,
sie informieren , bat der Franz , ei der Daus
und das ohne Moped , was denkt sich der Kautz ?

Die Susi , verliebt bis über beide Ohren ,
ist in der Nacht beim Warten erfroren .
   Mich aber , mich hat er zum Glückskind erkoren ,
   im Februar ist meine Liebste geboren .

Liebste , sei getröstet ...

Es trifft dich ein ganz eigner Schmerz ,
gräbt tief ein sich in dein Herz ,
der Kummer ist unendlich gross
und lässt fortan dich nicht mehr los .

Nie mehr der Mutter Stimme hören ,
nie mehr mit ihr telefonieren ,
nie mehr mit ihr zusammensein ,
doch irgendwann , ja irgendwann ,
irgendwann kehrt Trost auch ein .

Sie hatte ein ehrenwertes Leben ,
hat euch Kindern viel gegeben
und ihr ward immer für sie da ,
auf dem Sterbebett so nah
und weil´ s ein Abschied war voll Würde
wird auch erträglich diese Bürde .

´Im Himmel erfreut sie sich an dem Bild ,
 wie nah ihr ihre Kinder sind .

März

Wer lässt mehr Sonne , mehr Wärme zu ,
weckt die Natur aus Wintersruh ,
lässt erste Knospen springen
und Vöglein wieder singen ,
wer schleicht sich in dein Herz ?
„Es ist der Monat März".

Die Tage sind jetzt heller ,
dein Herz schlägt wieder schneller ,
ganz freudig und erregt ,
glücklich und bewegt ,
der letzte Schnee , der wird verbrannt ,
Frost und Eis gänzlich verbannt .

Erstes Grünen , erstes Blühen ,
dunkle Wolken sich verziehen ,
Bienchen wieder summen ,
Hummeln wieder brummen ,
was kann es schönres geben ?
„ Der Monat März soll leben " !

Bruder in der Ferne

Liebster Bruder in der Ferne ,
feierst heut dein Wiegenfeste ,
ach ich hab dich ja so gerne ,
bist der Liebste , bist der Beste !
Lass dir´s heute gut ergehen
und morgen auch und übermorgen
und bis wir uns mal wiedersehen
sollen dich plagen keine Sorgen !

Liebster Bruder fern von mir ,
ich wär´ heut gern´ vobeigekommen ,
auf ein Bierchen , zwei , drei ,vier ,
hätt´ dich in den Arm genommen ,
dir ´nen dicken Schmatz gegeben
und gewünscht ein langes Leben ,
dass dich nie trifft Ungemach ,
dir jeden Tag die Sonne lacht !
(das mit den Bierchen hol´n wir nach)

Endlich ist´s August

Ja , endlich ist´s August ,
man frönt der Reiselust ,
du triffst zu Hause niemand an ,
viele sind am Ballermann ,
lassen´s einmal richtig krachen ,
vierzehn Tage Party machen .

Lulu , am platten Land daheim ,
fast menschenleer , ist oft allein ,
genau das will sie ändern ,
sie checkt im Ozeanriesen ein ,
da geh´n sechstausend Menschen rein ,
hoffentlich wird´s nicht kentern .

Die Hanne findet das Meer so schön ,
sie mag nicht auf die Berg´ ,
möcht nur am Strand spazieren gehn ,
am Händchen ihren Jörg .
Der Jörg , der will nicht Händchen halten ,
er mag auch Wasser nicht ,
die Liebe tat total erkalten
in der Nordseefluten −Gischt .

Rentner Karl , der sitzt daheim ,
schlürft von dem guten roten Wein ,
träumt von früher , ja fürwahr ;
er sitzt in einer Whiskeybar
mit Hemingway , auf Sansibar ,
die Havanna in der Hand ,
„der Whiskey bis zum Rand uns stand" !

So jede(r) reist auf seine Weise ,
die eine laut , der and´re leise ,
doch alle zieht es in die Ferne ,
wie es war , erzählt man gerne
wenn vorbei ist der August ,
gerne im Novemberfrust .
Wohin es geht im nächsten Jahr ?
Für Karl ist´s klar : „ nach Sansibar" !

Er könnte übers Wasser geh´n

Der Hein hat nur noch Heimweh ,
denkt an zu Hause , Nordseestrand ,
an Luft und Sterne , raue See ,
an Möwen , Fische , weites Land .

Caroline , die seine Frau ist ,
gefolgt er ist aus Liebe blind ,
in diese ferne Stadt hier ,
wo selbst die Menschen anders sind .

Sie waren Weltenbummler ,
sind dem Getümmel oft entfloh´n ,
sie tauchten mit dem Tümmler ,
zeugten in Nepal einen Sohn .

Die Zeit , die ist dahin geschwunden ,
gekommen ist Melancholie ,
das Alter hat sich eingefunden ,
müde geworden Leib und Knie .

Sie sitzen fast nur noch im Zimmer ,
die Caroline mit Ihrem Hein ,
sie lieben sich ganz stark noch immer ,
doch , soll´s das schon gewesen sein ?

Der Hein mal öfter Lachen sehen ,
dass sein Frohmut kehrt zurück ,
ist Carolines ganzes Sehnen ,
wär´ Carolines ganzes Glück .

Sie kauft ihm einen großen Teppich
mit fernen Ländern , Ozean ,
mit Heimatsternen , Nordseefisch ,
ihr Hein der wird zum Strahlemann ,

Sehen kann er jetzt zu seinen Füssen ,
alles was sein Herz entzückt ,
kann Strand und Heimatsterne grüssen ,
Caroline ist ganz beglückt ,

Der Hein , der sieht Sie an , verschmitzt ,
sagt: „Caroline , wenn du mich stützt ,
geschieht ein Wunder , du wirst´s sehen ,
dann kann ich übers Wasser gehen."

Julizauber
(Vorsicht , junger Mann)

Der Juli ist von Natur aus warm ,
verführt zum Hemd mit kurzem Arm ,
lässt dich in der Sonn sinnieren ,
manchmal auch halluzinieren ,
bist herrlich frei und ungebunden ,
so soll es bleiben tausend Stunden ,
liebst der Freiheit Sonnenschein ,
ja , so soll´s für immer sein .

Bist du alt genug an Jahren ,
dass du Moped darfst schon fahren ,
so vermehr´n sich die Gefahren .
Sollst dir besser erst keins kaufen ,
„die schönsten Mädchen nicht gern laufen" .

Hast du den Fehler doch gemacht ,
bist du um deine Ruh gebracht .
Hast an der Freiheit so gehangen ,
es ist vorbei , du bist gefangen .

Mein Land , mein Mahr
(im Januar 2016)

Glatzen , mit und ohne Haar ,
eine beschämende Gefahr ,
besetzen Strassen und Plätze ,
sind voll von Hahm und Hetze ,
voll von Hass und Ironie ,
verfolgen ein einziges Ziel ,
ein dumpfbacken Spiel :
Alles was hier übrig bleibt
muss ausseh´n und denken wie sie .

Wutbürger , voll der Liebe zum Abendland ,
in Anzug , Stock , Mantel und Hut
nehmen jetzt das Heft in die Hand ,
kämpfen gegen Mischmaschblut ,
gegen zuviel Ost und vielzuviel Süd ,
ihr Gedankengut blüht .
Überfremdung verhindern ist ihr Ziel
und Zigtausende spielen mit bei dem Spiel .
  Gutbürger und Glatzen treffen sich nie ,
  kennen sich nicht , keinerlei Harmonie ,
  nur eine unheimliche Symphatie .

Über all dem , Sie , die Alleinige , wacht ,
hat einsam entschieden , das über Nacht
und Millionen Fremden das Tor aufgemacht .
Auf den Bahnhöfen geht man jetzt Flüchtlinge gaffen
und mein Land , mein Land liefert weiterhin Waffen ,
damit das so bleiben kann , das mit dem Gaffen .
Sie lullt weiter ein , sagt „wir schaffen das"
und das Volk lallt „ ja" , es weiss ja nicht „was" ? !

In meinem Land wird , wer spart , jetzt betrogen ,
belohnt und bewundert der Spekulant ,
den Alten wird Recht , Stolz und Erspartes entzogen ,
der Jugend die Zukunft aberkannt .
Um ihre Rechte , in vielen Jahrzehnten erstritten ,
müssen unsere stolzen Frauen jetzt zittern ,
weil Mob , dem Gleichberechtigung fremd ,
auf Strassen und Plätzen ganz ungehemmt ,
sie ihrer Freiheit , ihres Stolzes berauben ,
in schändlichster Form sie missbrauchen .

Die Mundartsänger sind merkwürdig stumm ,
auf dem Domplatz laufen friedlich Tauben herum ,
nur Sie stemmt sich dem Mob entgegen ,
entzieht , wo geboten , den Muttersegen ,
mahnt in Europa zu mehr Solidarität
und muss erfahren , dass keiner versteht .
Statt der erhofften Fremdenverteilung
werden Grenzen geschlossen und das mit Beeilung .
Ratlos ist Sie , tanzt um den Brei ,
fleht und bettelt selbst in der Türkei .

Satt und träge schaut Ihr Gefolge auf das Treiben ,
betet , das Sparbuch und Aktien erhalten bleiben ,
dass Wutbürger , Glatzen und Salafisten ,
dass Aktionisten , Faschisten , Terroristen
sich wandeln wie Schafe in lammfromme Christen .
Wie in Aspik sitzen sie , nichts sehen , nichts hören ,
lassen sich doch ihren Frieden nicht stören .
Doch wenn es zu spät , tönt´s aus deren Brust ,
„na siehste , das hab ich doch gleich gewusst “ .

Ich könnt vor Wut schreien
und mich im Kummer ersäufen

Wenn man nicht ganz unbescheiden ist
und im Leben ganz gut zurechtkommt ,
man zum richtigen Zeitpunkt
gute Entscheidungen getroffen
und in weniger glamourösen Zeiten
auch einmal Glück hatte ,
wenn man sein Leben so leben kann ,
sich nicht in Abhängigkeiten begeben musste
bzw. Abhängigkeiten abstreifen konnte ,
den Zustand erreicht hat , dass man sich
felsenfest auf sich verlassen kann ,
wenn man seinem Schicksal
respektvoll begegnet ,
notwendige Schritte geht ,
solange man diese selbst gehen kann ,
sich das Heft nicht aus den Händen nehmen lässt ,
es zum richtigen Zeitpunkt aber
in die richtigen Hände gibt ,
dann ist man ein glücklicher Mensch !

Wenn man solch ein glücklicher Mensch ist ,
leider aber sozial orientiert und
um Gerechtigkeit bemüht ,
dann ist das mit dem glücklichen Menschen
auch schon so gut wie vorbei .
Dann denkt er daran ,
 dass in einem der reichsten Länder der Erde ,
seinem Land ,
dem Refugium von „Christ - und Sozial −Demokraten“,
ein Drittel aller berufstätigen Menschen ,
Tendenz zunehmend ,
nicht auskömmlich lebt ,
dass der Lohn nicht ausreicht
für gesunde Ernährung , ordentliches Wohnen ,
für adäquate Teilnahme an Kultur , Bildung ,
Freizeitqualität ,
Nutzung der mit Steuergeldern subventionierten
kulturellen Institutionen ,

wenn also der so glückliche Mensch
auch noch begreifen muss ,
dass es sich bei den so betroffenen Menschen
im Wesentlichen um solche handelt ,
die für das Gemeinwesen unverzichtbar sind ,
die sich beruflich engagieren
in der Erziehung unserer Kinder ,
in Fürsorge und Pflege für unsere Alten ,
für unsere Kranken
und wenn der so glückliche Mensch
daran denken muss ,
dass ein kleiner Pulk von Anderen
dermassen im Reichtum schwelgt ,
soviel an Überflüssigem zu Verfügung hat ,
um hiermit die Defizite dieses Drittels der Benachteiligten
        auf Dauer zu substituieren ,
aber , mit Hilfe einer christlichen
und sozialen Unterstützerschaft
alles für die dauerhafte Zementierung
dieser ach so bedrückenden Situation tut ,
ja dann und das immer öfter ,
        muss der so glückliche Mensch
aus Wut schrei´n und sich im Kummer ersaufen .

September

Im September wars ,
Emmi lag im grünen Gras ,
der Franz kroch auf Ihr rum ,
sie fand´s erst dumm ,
hat sich dann gekrümmt ,
gewunden ,
im Juni drauf entbunden .

So lebt er jetzt in seiner Hülle

So lebt er jetzt in seiner Hülle ,
gefangen in der Seele Not ,
verloren all sein Lebenswille ,
der Mann in ihm ist tot .

Mit kalter Zunge ist vernichtet ,
sein einzig Lebenselexier ,
mit ein paar Worten hingerichtet ,
er leidet wie ein Tier .

Hundert Jahre wollt er werden ,
getragen von der Liebe Last ,
nur , was soll er noch auf Erden ,
wenn nichts mehr passt .

Hat er das alles missverstanden ,
die Leidenschaft , der Herzen Glut ,
was für Liebe er gehalten
war wohl nur Selbstbetrug .

„Die Gefühle sind gestorben" ,
so kurz und kühl hat sie´s gemacht ,
das Leben hat er ihr verdorben
und nichts , gar nichts bedacht .

Sie wollt ihn immer anders haben ,
ihn anders haben als er ist ,
hat vierzig Jahre ihn ertragen ,
eine lange Galgenfrist .

Sehr kalt geworden ist das Jahr ,
all seine Ziele sind verloren ,
es wünscht er sich fürwahr ,
er wäre nicht geboren .

Ich denke an dich ,

im Spiegel sehe ich in den Herbst meines Lebens
und je tiefer dieser Herbst sich neigt ,
umso intensiver schweift mein Denken ab ,
ab in den kleinen , sonnigen Teil meiner Jugend
und ab und zu bist auch du Teil dieser Gedanken
und diese Gedanken sind freundlich und warm
und getragen von der Hoffnung , dass es dir gut geht .

Es ist schon Oktober

Jetzt ist es schon Oktober ,
du siehst´s an jedem Strauch .
du siehst´s an Beet und Blumen ,
an meinem Schopfe auch .

Die Farben geh´n verloren ,
so mancher Schopf wird grau
und über kahlen Feldern ,
da bläst der Wind schon rauh .

Wie steht´s um unsre Herzen ,
wie steht´s mit dir und mir ,
ich weiss , es ist Oktober
und dass ich manchmal frier .

Das Jahr , es ist tief herbstlich ,
im Leben sind´s auch wir ,
es ist mein tiefstes Sehnen ,
dass nichts in uns erfrier !

Monotonie   (November-Blues)

Mir ist , als wär ich hier schon mal gewesen ,
als hätt ich all das schon gesehn ,
die labels hab ich alle schon gelesen ,
kaum Tage her , dass das gescheh´n .

Ich muss neue Klamotten haben ,
kann die alten nicht mehr sehn ,
bin durch manche Stadt gelaufen ,
es ist , wie sich im Kreise drehn .

Der Film ist mir total vertraut ,
den mir die Glotze neu serviert ,
die flennende , verlass´ne Braut
und wie ihr Ex sich amüsiert .

Ich kaufe gern ein neues Buch ,
viel hundert fasst mein Wandregal ,
kaum d´rin geblättert , wie ein Fluch ,
das Ding , das hast du schon einmal .

Die Story ist allweil die gleiche ,
ob gefilmt oder geschrieben ,
ein bisschen jünger ist die Leiche ,
der Fundort ist der Wald geblieben .

Monotones , uniformes ,
Einheitspudding rings umher ,
keine Macher , kein Reformer ,
spiegelglatt das weite Meer .

Chester wird 50

Chester , oh Chester ,
Schwester , oh Schwester ,
Schwägerin ,ach Schwägerin ,
wo bist du , wotrieb es dich hin ?

Wir vermissen dich sehr ,
bist geflohen an´s Meer ,
auf ein Eiland bei Polen ,
bitte , geh nicht verloren .

Halt dich auf in der Mitte ,
das ist uns´re Bitte ,
geh nicht zu weit an den Rand
wo nur Wasser und Sand ,
wo Wellen und Wogen
schon so manches ins Meer gezogen .

Alljährlich im September , you remember ; ?
Du das Weite suchst ,
immer weiter führt die Flucht ,
lässt allein Brüder und Schwester ,
ach Chester !

Bedrückt sind all die Anverwandten ,
Neffen , Nichten rufen Taannttee ,
noch so viele andre Leute
haben nach dir Sehnsucht heute ,
möchten fest an´s Herz dich drücken ,
mit Entzücken dich beglücken !
(und du ? −tu´st dich verdrücken!)

So viele Kuchen sind gebacken ,
gebastelt wurden tausend Sachen ,
gedichtet ist , Gesang geübt
damit dich heute nicht´s betrübt ,
an diesem Tag heut´ im September ,
an dem du was hast , you remember ?

Geburtstag Chester , ei der Daus ,
bitte zieh die Stirn nicht kraus ,
fang nicht an herumzueiern ,
man kann jedes Alter feiern ,
lass am Strand die Korken knallen
und dann alle Hüllen fallen,
tanz Ringelrein im Mondenschein
und lass die Fünf mal g´rade sein !

(wenn wir dann in der Zeitun lesen ,
was da auf Usedom gewesen ,
was über den Skandal geschrieben ,
ist´s gut , dass wir daheimgeblieben).

Wenn du Langeweile hast ,
weil Geburtstag und kein Gast ,
das mit demRingelreihn nicht geht ,
weil irgendwas dagegen steht ,
was tun den ganzen langen Tag ,
dann ruf halt an und frag !

Hier ist noch soviel ausgedacht ,
was trotz des Alters Freude macht ,
verrückter ist als Ringereihn ,
(hierauf reimt sich Hinkebein)
des Morgens früh beim ersten Wein !

Ach du liebe Güte ,
der Dichter wird jetzt müde .
fast hätte er vergessen
wieso er hier gesessen ,
sollt doch nur gratulieren
und nicht fabulieren .

Liebe Chester ,bleib gesund ,
mach das Sechste freudig rund ,
häng ein glücklich Siebtes dran
mit dem selben Ehemann ,
feier heute dass es kracht ,
dann ist der Anfang schon gemacht .

Herzallerliebster Enkelsohn

Heute , exakt an diesem Tage ,
hoch oben an dem Nordseestrand ,
gibt´s eine Feier , keine Frage ,
sind alle ausser Rand und Band ,
feiern vom Morgen bis in die Nacht ,
weil , weil, ja weil
- unser Hannes wird heute 8 .

Herzlichst wir gratulieren Dir ,
wir singen dir ein Lied ,
wir bringen ein Geschenk vorbei ,
eine grosse Portion Haferbrei !
„Entschuldige , das war gemein ,
Gottseidank fiel uns noch ein ,
es soll etwas von Lego sein" !

Hannes , hab einen schönen Tag ,
dass das Geschenk gefallen mag ,
dass der Geburtstagskuchen gut ,
du Freude hast , stets frischen Mut
und dass dein neues Lebensjahr
ganz toll wird und ganz wunderbar
und wenn wir uns oft wiedersehn ,
ja , dann ist alles wunderschön !

Herzallerliebste Enkeltochter ,

hallo   Sonnenschein ,
heut´ wirst du schon   10 ,
all die Zeit mit dir zu sein
war für uns wunderschön ,
so wunder-wunderschön
und jetzt bist du zehn .

Bist ein tolles Kind ,
hast das Herz am rechten Fleck ,
bist allem Guten wohlgesinnt ,
schaust bei Unrecht nicht weg ,
weisst deinen Weg zu geh´n
und jetzt bist du zehn .

Manches ändert sich für dich ,
du weißt , die Zeit bleibt niemals stehen ,
Uhr und Erde drehen sich ,
du wirst zum Gymnasium gehen ,
wirst grössere Schuhe und Kleider tragen
und schon bald deine Oma überragen .

Doch , herzallerliebstes Kind ,
es gibt Dinge , die bleiben so wie sie sind ,
das sind die Menschen , die dich lieben ,
zwei davon haben hier geschrieben .

mitten in der Stadt

Es wohnte mitten in der Stadt ,
Adresse war „Am Kornplatz 7“,
ein Ehepaar wie hier beschrieben ,
das irgendwann beschlossen hat ,
nein , nein , hier wird nicht mehr geblieben .
Gestank , Lärm und das Menschgewühl ,
nein , was zuviel ist ist zuviel .
Wir müssen raus , mehr an den Rand ,
in gute Luft , sagt der Verstand .

Es war nicht leicht , bis es gefunden ,
das Juwel am Rand der Stadt
und dann noch Wochen sich geschunden ,
ob richtig man entschieden hat ?
Ob nicht zu klein , ob nicht zu groß ,
die Nachbarn nett , nicht rigoros ,
was soll´n wir nur mit den Terassen
und dann auch noch im Erdgeschoß .
Oh je , oh je , ja kaum zu fassen ,
was haben wir da nur gemacht .

Die Sorgen waren bald verschwunden ,
das Glück sich wieder eingefunden .
Kopf an Kopf und Hand in Hand
werden sie in Frieden alt
ganz nahe dort am Bergwerkswald !

Die Sorgen waren bald verschwunden ,
das Glück sich wieder eingefunden .
Kopf an Kopf und Hand in Hand
werden sie in Frieden alt
ganz nahe dort am Bergwerkswald !

So hat der Schreiber sich´s erdacht ,
das Ehepaar nicht mitgedacht ,
die Wohnung , die war bucklig klein ,
die Gegend aber , die ist fein .

Gleich um die Ecke , da entsteht
ein feiner Neubau , da besteht
die Möglichkeit , sich einzunisten ,
sie brachten hin die Umzugskisten .
„Alles chic , fast unerhört ,
die Wohnung hat die zwei betört ,
doch bald schon hat was sehr gestört .
    Am Rand der Stadt war es zu schön ,
sie wohnen jetzt am Kornplatz 10 .

Der gute Ton ....

Madeleine ist umgezogen
vom Landhaus in mondäne Stadt ,
in eine Luxuswohnung ,
die alles kann und alles hat ,
so schöne Glattputzwände
mit Goldintarsien drin ,
der Boden edles Marmor ,
sie spiegelt sich darin .

Hier könnt sie herrlich leben ,
so schön wie sie´s erdacht ,
doch hat sich was ergeben ,
das grämt sie Tag und Nacht .
Ihr schöner schwarzer Flügel ,
der sie sonst so beglückt ,
er trifft hier keinen Ton mehr ,
sie wird noch schier verrückt .
Von den Glattputzwänden hallt es ,
vom edlen Marmor schallt es
und in den Ohren dröhnt´s ,
die Nachbarn , die verhöhnt´s .

Der Pianostimmer ,
den sie hinzugezogen hat ,
der sagt , es liegt am Zimmer ,
es ist alles viel zu glatt .
Da gibt´s den Raumausstatter ,
sein Name ist Herr Klemm,
macht´s höher oder flacher ,
hat´s glänzend und auch matter ,
der löst dieses Problem .

Madeleine wollt keinen Teppich ,
wollt doch den Marmor sehn ,
der Pianostimmer bleibt dabei :
„nimm einen Teppich , es wird schön „
Die machen jede Farbe und jede edle Form ,
der schluckt die falschen Töne
und schützt vor Nachbarshohn .

Der Steinway steht erhaben ,
auf einem Teppich , nur für ihn gemacht ,
kann sich an seinen Tönen laben
und an Madeleine , die wieder lacht .

ich wollte noch schnell „Danke" sagen

Ein Zwitschern , ein Piepsen auf dem Balkon ,
ganz aufgeregt , ängstlich , auch sorgenvoll ,
es hört nicht auf , hin beweg ich mich leise ,
auf dem Geländer läuft auf und ab eine Meise .
Ein Kohlmeischen ist es , schaut mich zaghaft an ,
bedeutet mir , komm bitte näher heran .

Ich öffne die Tür , trete zu ihr hinaus ,
bin verwundert , sie nimmt nicht wie üblich reissaus ,
sie kommt mir näher , setzt sich auf meinen Kragen ,
flüstert , ich will noch mal „Danke" sagen ,
für all die feinen Leckerheiten ,
die durch den Winter uns begleiten ,
für den trockenen Platz , den ihr uns gegeben ,
so konnten wir gut bei Frost überleben ,
doch jetzt , im Sommer , da müssen wir zehren ,
finden kaum noch Insekten , nur wenige Beeren ,
können nicht einmal unserer Brut noch ernähren .

Die Finkens , die sind schon weggezogen ,
weit in den Südosten , der Sonne entgegen ,
die Schwalben sind hinterhergeflogen
und haben berichtet   „es ist ein Segen"
da brummt es und summt es ,ein Garten Eden ,
und Platz genug , einfach für jeden .

Ja ,man müsste nur den Schnabel aufreissen ,
es wäre Nahrung genug da , auch für uns Meisen ,
drum haben wir letzte Woche beschlossen ,
bitte glaub uns , wirklich nicht unverdrossen ,
wir machen uns am Sonntag los auf die Reise ,
sie zittert dabei , sie schluchzt ganz leise .

Hab noch mal Dank , grüß ganz lieb deine Frau ,
wir haben so gern in Ihren Blümchen gesessen ,
jetzt muss ich los zu meinem Bau ,
glaub mir , wir werden euch nicht vergessen ,
und dann ist sie weg , ein pieppiep noch ganz leise
und schwermütig sage ich tschüss , gute Reise ,
ganz wehmütig ist mir ums Herz
ganz eigen ist mein Schmerz ,
ich weiss , es fiele mir sehr schwer ,
hört ich nie mehr ein Vöglein zwitschern ,
                          nie   mehr .

Lieber Mai ......

Lieber Mai , geh nie vorbei ,
so hell , so warm , so voller Duft ,
so langersehnt , so weich die Luft
als wenn´s ein neues Leben sei ,
so ist mir´s jedes Jahr im Mai .

Mich treibts hinaus in die Natur ,
die Brust ist voll der neuen Luft ,
all meine Sinne schwelgen nur
in Lebensfreude , Lebenslust ,
des Himmels blau , der Sonne Kraft
gibt allem neuen Lebenssaft .

Mein Mädchen ist mir stets im Sinn ,
ich denk an Küssen , an Liebkosen ,
meine Gefühle schmelzen hin ,
ich kaufe Blumen , rote Rosen
und eile dann in Eilesschritt
zu ihr , gesteh ihr meine Liebe ,
verspreche ihr , dass das so bliebe
und nicht nur diesen einen Mai ,
nein diese Liebe ,
    die geht nie vorbei !

Sie wird 60 ,

von heut auf morgen ist´s geschehn ,
die Uhr , die hat getickt ,
stand starr auf 5 der Jahre zehn
und jetzt spielt sie verrückt ,
ist über Nacht auf 6 gesprungen
und hat dazu auch noch gesungen
es grell dir in den Ohren schallt ,
„du wirst heut 60 Jahre alt .

So ist es vielen schon ergangen ,
man hat´s verhalten angefangen ,
doch dann , wenn man es zugelassen ,
gemerkt , das kann sich leben lassen .
Das siebente Jahrzehnt im Leben ,
das hat so vieles noch zu geben ,
hat Sonnenschein und Glück gebracht ,
weiss der , der es schon hat vollbracht .

Gewünscht sei dir von ganzem Herzen
zum Geburtstag ganz viel Glück ,
beste Gesundheit , niemals Schmerzen ,
immer Zuversicht im Blick ,
keine Zweifel , keine Sorgen ,
dies ganze siebente Jahrzehnt ,
es soll dir Glück, Erfüllung geben
dass in zehn Jahren du ersehnst :
„das Siebente ,das möcht´ ich noch mal leben!“

Wenn wir einmal alt sind .....

Wenn wir einmal alt sind ,
von Beruf und Arbeit entbunden ,
wenn wir dann noch gesund sind
und Ruhe gefunden ,
dann machen wir´s uns richtig schön ,
werden morgen´s schon spazieren gehen ,
wir werden reisen und reisen ,
was wir noch nicht gesehen dann sehen ,
wir werden´s beweisen .

Wenn wir einmal alt sind ,
im Kopf noch jung , die Körper rüstig ,
dann trennen wir uns von jedwedem Ballast ,
von allem , was nicht in drei Zimmer passt .
Barrierefrei , ja das ist uns wichtig ,
kein Garten , kein Haus , frei wie der Wind ,
ja so wird das sein , du geliebtes Kind ,
wenn deine Eltern mal alt ,
die Köpfe jung , die Körper noch rüstig sind .

Wenn ihr einmal alt seid , sagt fragend das Kind ,
ja , wann soll das sein , das frei wie der Wind ,
das Trennen von Arbeit und von Ballast ,
von all dem ,was ihr nicht mehr nötig habt ,
wann soll das beginnen , das mit dem Reisen ?
Es ist an der Zeit , das jetzt zu beweisen .

Erinnert euch bitte , ihr kratzt an der Siebzig ,
seid im Kopf noch jung , die Körper rüstig ,
das ist bei weitem nicht selbstverständlich .
Seid so verständig , begreift dieses Glück
und das das Leben nicht unendlich " ,
sagt´s mit bebender Stimme , eine Träne im Blick .

Wir blicken uns an , meine Holde und ich ,
will sie jetzt schon alt sein , so frage ich mich
und wie steht´s mit uns , den gemeinsamen Träumen ,
werden wir am Ende das Leben versäumen ?
Uns ist , als ob plötzlich ein Vorhang fällt ,
dass alles , was war , ja auch weiterhin zählt ,
dass das alles nur nicht mehr so wichtig ist
wie das , was ab morgen vor uns liegt .

Nicht Arbeit und Ballast ,
kein Stress mehr , keine Hast ,
die Köpfe jung , die Körper rüstig ,
ab jetzt sind nur noch wir uns wichtig !

Geliebtes Kind ,

ein Tag , der einfach wunderschön ,
der Tag , der dein Geburtstag ist ,
ob so , auch so und so besehn ,
dieser Tag ist pures Glück !

Wie du deinen Weg gegangen ,
wie fest du stets im Leben stehst ,
wie wir gemeinsam angefangen
und du alleine weitergehst .

Wie wir uns stets verbunden blieben ,
wie gerne wir zusammen sind ,
ach , wie wir uns´re Tochter lieben ,
was für ein Glück ist dieses Kind .

Du stehst jetzt mitten drin im Leben ,
die Zukunft lacht dir in´s Gesicht ,
es soll nur Schönes für dich geben ;
„du unser Kind , wir lieben dich" !!!

Oh , what a wonderful morning ,
   oh , such a wonderful day   !!!!

Schon früh weht herein ein lindes Lüftchen
und aus der Küche „Kaffeedüftchen" ,
in allen Räumen sind Blumen gestreut ,
sie reibt sich die Augen , sie denkt , dass sie träumt .

Warum ist der eigene Mann heut´so nett
und schon am frühen Morgen adrett
und trällert , kaum dass er sie sieht , ein Lied ,
oh je , sie weiss nicht so recht was geschieht .

Selbst die Kinder liegen nicht mehr im Bett ,
sie haben mit Liebe den Tisch schon gedeckt
und drücken und küssen und herzen sie ,
singen „oh , du allerliebstes Mammilie .

Und draussen ist so herrlich das Wetter heute ,
der ganze Veenpark bebt vor Freude
und lacht und tanzt bis spät in die Nacht −
so ist´s ,wenn unsere Tochter Geburtstag hat .

Im   Mai ,

Feierlich ist mir zu Mute ,
junger Morgen , Sonnenschein ,
meine Frau , die liebe , gute ,
schon im Bad und macht sich fein .

Heute gehen wir begrüssen
einen wunderbaren Freund ,
händchenhaltend wir geniessen
was der Freund uns hält bereit .

Alles grünt und blüht und bebt ,
Vöglein singen tralilu ,
alles atmet , alles lebt ,
neues Leben immerzu .

Wald und Felder wir durchwandern ,
uns´re Herzen hochbeglückt ,
spür´n den Puls des jeweils Andern ,
haben uns ganz fest gedrückt ,
fühlen uns pudelwohl und frei ,
das macht unser Freund , der Mai !

Liebster Sohn ,

wir sind heute fern von dir ,
darum unsere Geburtstagsgrüsse
hier nur auf Papier .

Ja , alles Liebe und Gute
wünschen wir dir ,
dass du gesund bist und glücklich
und zufrieden dazu ,
auch mal Zeit hast für dich
und Seelenruh .

Dass das was du tust
für dich ist richtig ,
dass all das gelingt
was für dich wichtig ,
das gute Träume werden wahr
für´s ganze neue Lebensjahr .

Das alles , lieber Sohn
wünschen wir dir so sehr ,
das alles , lieber Sohn
und noch viel Liebes mehr !

Bevor die Winde stürmisch werden ...

Bevor die Winde stürmisch werden
will ich noch einmal Wandern gehen ,
bevor die Bäume blattlos werden ,
sie in vollem Laub noch sehn .

Rosen haben in den Gärten
letzte Knospen angesetzt ,
ob sie noch mal blühen werden ,
ob erster Frost die Zeit noch lässt ?

Meine Schritte führen fort mich
hin zum Wald , bin ihm schon nah ,
leuchtend bunte Blätter seh ich ,
Farbenfülle , wunderbar .

Unter Eichen , Buchen , Fichten ,
in der Ruhe der Natur ,
lässt sich vieles neu gewichten ,
fühlst du Seelenbalsam pur .

Bald schon geht die Sonne unter ,
zeigt mir den Weg zurück nach Haus ,
Oktoberlied , ich sing es munter ,
vor dem November ist mir graus .

Bescheiden leiden (April-Blues)

Man sagt , der A. ist sehr bescheiden ,
kann sich wohl deshalb heut nicht leiden ,
wär so gern im Bett geblieben ,
der Sonne Schein hat ihn hinausgetrieben .
Jetzt steht er vor´m Spiegel , schaut sich blöd an ,
grübelt , warum er sich heute nicht leiden kann .

Er fühlt sich gesund , zumindest nicht krank ,
hat gut geschlafen , dem Herrgott sei Dank ,
seine Frau war gestern auch mal ganz nett ,
gerade so , wie er sie gerne immer hätt´ .
Sie hat ihm gesagt , wie gern sie in mag
und dennoch ist das heute nicht sein Tag .

So grübelt und grübelt er so vor sich hin ,
Kinder und Enkel kommen ihm in den Sinn ,
das grosse Glück , das die ihm bescheren
und trotzdem kann er sich heute nicht wehren ,
kann trotz Grübelei diesen Blues nicht erklären .
Der Missmut , er weicht nicht , brennt in ihm wie Glut ,
wahrscheinlich , so denkt er , geht es mir zu gut ! .

Ein Freund wird 65

Wir wollen ihm ein Ständchen bringen,
manches schöne Liedchen singen ,
ein Gedichtchen rezitieren,
woll´n uns freuen , jubilieren ,
ihm von Herzen gratulieren ,
ihn umarmen ,ganz fest drücken ,
tief ihm in die Augen blicken .

Wollen auch ein Glückstränchen verflennen ,
glücklich sein , dass wir ihn kennen ,
dass wir zusammen viele Jahre ,
wunderschöne , wunderbare
Zeiten haben zugebracht ,
schon mal geweint , doch oft gelacht .

Lang , lang ist´s her , dass du geboren ,
du schaust des Öftern heut´ zurück ,
was nicht so leicht war ging verloren ,
dein Denken ist beherrscht von Glück .
Man musst´sich vieles abverlangen ,
wurde manchmal auch gehetzt ,
doch ist das Meiste gut gegangen ,
die Schritte waren wohl gesetzt .

Wer so an´s Rückwärts denken kann ,
der sollt´ sich reich beschenken ,
der sollte nicht nur dann und wann ,
nein : stets an´s Heute denken .

Heute ist dein Geburtstagsfest ,
du bist jetzt ein Senior ,
probierst , ob du noch feiern kannst ,
so gut wie´s ging zuvor
und wenn das klappt
dann geht noch mehr ,
kannst es getrost erwarten ,
kannst ohne Angst und Gegenwehr
in´s nächste Drittel starten .

„Bleib gesund" , das wünsch ich dir ,
und ganz viel schöne Dinge
und dass wir uns auf zwei , drei Bier
oft treffen noch , ob da , ob hier ,
ob´s Sommer ist , ob Winter
und uns berichten ohne Maer ,
vom Wohl der Enkelkinder .

Schicht im Schacht

Er hat „Rücken" vom Bücken,
vom Rollen , vom Heben , vom Drücken ,
vom Schaben , Schubsen , Schieben ,
vom Eilen , Hasten , stets getrieben ,
den Taler zu verdienen .

Seit Monaten hängt , tickt es an der Wand ,
es naht und naht der Ruhestand .
Nur noch Tage , jetzt noch Stunden ,
der Kalender tut´s bekunden ,
auf der Uhr nur noch Sekunden .

Oh , was ist das ein Entzücken ,
nie mehr rollen , heben , drücken ,
nie mehr buckeln , nie mehr bücken ,
keinen Chef mehr zu beglücken ,
oh , wie wohl ist´s ihm im Rücken .

Brauch fürs´s Geld sich nicht verbiegen ,
die Rente wird ihm gutgeschrieben !!!

Karl hat Geburtstag ......

Ein schöner Tag ist dieser Tag ,
die Sonne von früh bis abends scheint,
heut ist es so wie Mann es mag ,
alle freundlich , keine (r) greint
und niemand plökt , nicht eine (r) nölt ,
alles läuft heut wie geölt .

Die Stimmung ist gut temperiert ,
die Luft so warm , dass man nicht friert ,
wer will , der kriegt die Wurst vom Grill ,
wer nicht , der nimmt den Quark mit Dill ,
dazu ein Weinchen oder zwei
und wenn´s so sein soll , auch mal drei
und dann , und dann wird angestimmt ,
ein Liedchen , das den Tag bestimmt :

   „Liebster Karl , du Bester , du ,
   happy birthday , happy birthday ,
   happy birthday to you" !!!!!!

Yvonne will bleiben

Yvonne ist zu `nem Blitzbesuch
bei Pit , sie haben´s nett ,
doch dann geschah´s , aus Übermut ,
sie flutscht aus seinem Bett
und knallt auf das Parkett .

Ihr Kopf , der ist leicht angedetscht ,
die Schulter blau und rot ,
sie wird vor Zorn sehr ungerecht ,
nennt Pit einen Idiot ,
sieht sich Ihre Wunden an
und denkt , wie sag ich´s meinem Mann .

Sie schreit , hier muss ein Teppich rein ,
gross , edel , weich und füllig ,
soll dreidreissig mal viervierzig sein ,
Pit weiß , das wird nicht billig .
Yvonne gibt noch die Farbe an ,
orange bis terra bringt ihr Gück
und lieber Pit , Du Supermann ,
erst wenn der liegt , komm ich zurück .

Ohne Yvonne will Pit nicht sein ,
so ab und zu , so zum Beglücken ,
er macht sich auf die Teppichsuche ,
nicht ganz aus freien Stücken .
Sein Friseur , der eingeweiht ,
der hilft entscheident weiter .
Er kennt den Raumausstatter Klemm ,
„der löst dir das Problem"!
Klemm rät , „es läuft bestimmt nichts schief ,
nimmst du die Qualität   QUEEN EVE"

Nach dreissig Tagen und acht Stunden
steht auf dem Teppich jetzt das Bett ,
Yvonne hat sich gleich eingefunden ,
findet´s auf dem Teppich nett ,
so kuschlig weich , so angenehm ,
die Farbe , ach so wunderschön ,
am liebsten möchte sie nie mehr geh´n .

Ihrem Mann simmst Sie , dem Frieder ,
„verzeih mir , ich komm nicht mehr wieder"
und zu Pit gewandt , im Lieblingszimmer ,
sagt sie „mein Schatz , ich bleib für immer !

Pit hat schon wieder ein Problem ,
Yvonne will nie nach Hause geh´n .

Ferien

Weit weg von zu Hause ,
von Alltag und Last .
ein paar Tage Pause
von Arbeit und Hast .

Weit weg von zu Hause .
von Terminen und Pflicht ,
frische Winde , sie sausen ,
so mild ist das Licht .

Das Meer ist mal ruhig,
umschmeichelt den Strand
und dann rauh und wellig
und spielt mit dem Sand .

Und macht uns den Kopf frei
und lässt uns klar sehn ,
nach dem April folgt der Mai
und Wunder geschehn .

Jetzt lasst uns geniessen ,
gemeinsame Zeit ist so schön ,
seht die Blümelein spriessen
und die Sonne aufgehn .

Dezember

Ach ,wie sind die Kinder brav ,
träumen sanft . lächeln imSchlaf ,
lernen Gedichte und singen und singen ,
der Nikolaus soll erste Gaben bringen !

Das Haus ist mit Tannenzweigen geschmückt ,
mit Kugeln , Kerzen und Weihnachtsstern ,
Mutti und Vati sind hochbeglückt ,
„ die Kinder haben uns ach sooo gern .“

Sie haben ihre Stiefel selber geputzt
und erwartungsvoll vor die Tür gestellt ,
hoffentlich hat das auch genutzt ,
ach , wie spannend ist die Welt .

Der Nikolaus , der brave Mann ,
hat ihre Stiefel voll gemacht ,
hat gezeigt was er so kann ,
hat Freude in das Haus gebracht !

Ach, wie sind die Kinder brav ,
träumen sanft , lächeln im Schlaf ,
lernen Gedichte und singen und singen ,
oh , was wird nur das Christkind bringen ?

Schuster , bleib bei deinem Leisten

Bist aus der Mutter Schoss gefallen ,
wohin , ist später aufgefallen ,
in Haus mit Park und Personal
wie Friederike und der Karl .
Frieder , Peter , Karla , Klaus
wachten auf im Reihenhaus .

Zweizimmerwohnung unterm Dach ,
zu dritt in einem Schlafgemach
so wie Jürgen , Frieda , Jennie ,
Gunther , Alois , Anna , Henni ,
Dagobert , Fritz und Kunifred ,
Dennis , Hilda , Annabeth ,
Ilse , Kurtchen , Dieter , Fred ,
wie es mit denen weitergeht ?

Sie arbeiten im Schichtbetrieb ,
mal früh , dann mittags , auch bei Nacht ,
es treibt der Überlebenstrieb
für den man viel zu Vieles macht ,
von Klaus und Peter stets bewacht ,
stehn Friederike in der Pflicht
und ihrem Bruder Karl
und stimmt einmal die Leistung nicht ,
dann tut es einen Knall .

Das Kurtchen fliegt als erster raus
und mit ihm   Dennis , Hilda , Dieter
und dann kehrt Ruhe ein ins Haus ,
die Leistung stimmt jetzt wieder .

Friederike knöpft sich Frieder vor ,
erklärt ihm das Exempel ,
macht ihn statt Klaus zu Ihrem Thor ,
zu Ihrem rechten Hempel
und der , im Zeichen seiner Macht ,
lässt die Akkorde brechen ,
lässt Frieda , Jennie , Fred bei Nacht ,
des Morgens Jürgen , Frieda , Fritz
im Schweisse Ihres Angesichts
und der Gesundheit blechen   .

Der Frieder macht den Job zu gut ,
es ist an der Zeit , ihn abzuschiessen .
Karl bremst abrupt den Übermut ,
lässt Wasser in Frieders Feuer fliessen ,
macht seinem Wirken den Garaus .
Es ist Karls Pflicht dafür zu sorgen ,
zu jeder Zeit , ob heute , morgen ,
dass Bäume aus dem Reihenhaus ,
nicht in das Villenviertel spriessen .

Novemberlied

Er hat traurige Augen ,
vernebelt sein Blick ,
schaut ungern nach vorne ,
schaut vielmehr zurück .

Denkt an die Kinderjahre ,
an Spielen und Lernen und Seh´n ,
an Farben und volle Haare ,
alles war wunderschön .

Er liebte den Schnee ,
die Schneeballschlacht ,
das Baden im See ,
die laue Nacht .

Wie liebte er sein Mädchen ,
so sanft , so ungestüm ,
auf Mädchen reimt sich Fädchen ,
auch Käthchen ,
wie schön der Blumen Blühn .

Der Sommer , so unbändig ,
so kraftvoll alles war ,
die Liebe so beständig
und dann die Kinderschar !

Vieles ist verflogen ,
gut ,   der Herbst   ,
der war noch manchmal schön ,
ich hab mich nie verbogen ,
kann in den Spiegel sehn .

Jetzt zählt das Hier und Heute ,
was geschehn wird , wird geschehn ,
so ist es , liebe Leute ,
es ist ein Kommen und ein Gehn .

und dann ,......

Dies Jahr , es neigt sich seinem Ende ,
zum Dank wird festlich es beschmückt ,
Girlanden schmücken Häuserwände ,
so mancher Weihnachtsstern beglückt .

Kinder helfen „ Plätzchen backen " ,
Weihnachtsduft erfüllt das Haus ,
vor Aufregung ganz rot die Backen ,
morgen kommt der Nikolaus .

Und wenn der seine Pflicht getan ,
erste Geschenke hat gebracht ,
dann kommt schon bald das Christkind an ,
was das wohl dieses Jahr so macht ?

Der Weihnachtsbaum strahlt stolz im Zimmer ,
ein Glöckchen bimmelt leise ,
die Tür geht auf im Kerzenschimmer ,
Kinder auf Entdeckungsreise .

Wenn die Geschenke ausgepackt ,
Mariechen Langeweile plagt ,
dann tröstet Frieder seine Schwester ,
jetzt freuen sie sich auf Silvester .
                    Opa grummelt , „na und dann
                    fängt der ganze .... von vorne an"

ich hab´ ein Licht gesehn.

ich hab ein helles Licht gesehn ,
so hell und auch so gleissend ,
so warm und so verlockend schön ,
beängstigend und doch verheissend .

und in dem Licht , da schweben sie ,
mit kleinen Flügeln , Flügelschlag ,
es ist ganz still , so still wie nie ,
g´rad wie am jüngsten Tag .

das Licht es lockt , „ komm hierher“ ,
ich fühl´ mich federleicht ,
die Englein flehen „ bitte sehr“ ,
ein Wind kommt auf ganz seicht .

ein Sehnen ist in mir geweckt ,
ich möcht dem Licht entgegenschweben ,
denke an Opa , voll erschreckt ,
„ neiiiin , ich will weiterleben .

Opa liegt schwer im Krankenbett ,
ein mildes Lächeln im Gesicht ,
„schau bitte schnell zum Fensterbrett ,
schau da , das helle Licht ,
schau an des Himmels Pracht ,
schau , wie die Englein schweben“ .
Ich hatt´ die Nacht bei ihm durchwacht
und gerade eben ,
war der Opa noch am Leben .

er hat ein helles Licht gesehn ....

79

Ein Jahr ist vergangen ,

Wenn du auf dieser Seite bist ,
dann ist dies Jahr vergangen ,
es ist gelaufen , wie es ist ,
ist noch mal gut gegangen ?

Was zum Weinen , war zum Weinen ,
was zum Lachen , das zum Lachen ,
sind wir mit uns selbst im Reinen
und was kann man besser machen ?

Ja , wir sind gesund geblieben ,
Kinder , Enkel und Verwandte ,
weil wir uns noch alle lieben
halten wir das Glück am Bande .

Hoffen wir für´s nächste Jahr ,
dass wir da sind und am Leben ,
dass wir gesund sind und fürwahr
uns Kraft und Liebe geben .

Wenn das so ist , kann nichts geschehn ,
wir werden Seit an Seite
dies Jahr vereint durch´s Leben geh´n
mit Zuversicht und Freude !

Ein neues Jahr

Wie soll es werden , dieses Jahr ?
„Na , nur nicht so wie´s letzte war ,
so langweilig und sonderbar .“
Das fing fies an , im Januar ,
die Luft war kühl und selten klar
und nass war es , nicht einmal trocken ,
man musste in der Stube hocken
den ganzen lieben , langen Tag ,
obwohl ich hocken gar nicht mag .

Und dann der Monat Februar ,
da zog der Frost in Mark , Gebein ,
das kann nichts werden mit dem Jahr ,
erfroren sind die Blümelein ,
das wird nichts mit dem Frühlingsblühen
trotz tausend Zwiebeln , die gesetzt ,
der Februar , der Februar ,
der hat dies Jahr mir schon vergrätzt .

Der März , der fing so schaurig an ,
Schnee , so weit man sehen kann
und täglich mehr , was eine Plag ,
man nicht zum Fenster rausseh´ n mag
-            bis zu dem zweiten Donnerstag :
Da war es schon frühmorgens hell ,
die Sonne schien so strahlend schön ,
der Schnee , der schmolz dahin ganz schnell ,
du musstest in den Garten geh´n
und suchen und suchen und finden , wie fein ,
noch zart , fast verborgen , ein Schneeglöckelein .

Die Sonne blieb zwei Wochen lang
und in dir wuchs ein Lebensdrang ,
im Garten , wo immer die Zwiebeln versteckt
hast du jeden Tag etwas neues entdeckt ,
zunächst nur ein Grün , lebendig und schön
und nach und nach gab es Farben zu sehn ,
erst gelb und dann rosa und lila und blau
und am Baum erste Knospen im Morgentau .
„das Jahr wird schön" , sagt meine Frau .

Verzeichnis

6   Sie ist wie der April

7   April , April , der .....

8   ein braver Mann

10   Ei jei jei jei jei jei

11   Fünf Köpfe oder vier

14   Es war eine schöne Reise

15   verloren , gefunden

16   die Zeit und ich

17   Gebet eines Zehnjährigen

18   Geliebte Frau

20   Es wünscht sich ...

21   ich bin der Januar

22   Lieber Freund

23   Herzallerliebstes Kind

24   Februar

25   Liebste , sei getröstet ...

26   März

27   Bruder in der Ferne

28   Endlich ist´s August

29   Er könnte über´s Wasser geh´n

32   Julizauber

33   Mein Land , mein Mahr

36   Ich könnte vor Wut schreien

39   September

40   So lebt er jetzt in seiner Hülle

42   Ich denke an dich ,

43   Es ist schon Oktober

44   Monotonie

45   Chester wird 50

48 Herzallerliebster Enkelsohn
49 Herzallerliebste Enkeltochter
50 mitten in der Stadt
52 der gute Ton .....
53 ich wollte noch schnell „Danke" sagen
56 Lieber Mai
57 Sie wird 60
58 Wenn wir einmal alt sind
60 Geliebtes Kind
61 Oh , what a wonderful morning
62 Im Mai
63 Liebster Sohn
64 Bevor die Winde stürmisch werden ...
65 Bescheiden leiden
66 Ein Freund wird 65
68 Schicht im Schacht
69 Karl hat Geburtstag .....
70 Yvonne will bleiben
72 Ferien
73 Dezember
74 Schuster , bleib bei deinem Leisten
76 Novemberlied
78 und dann ...
79 ich hab´ein Licht gesehn
80 Ein Jahr ist vergangen
81 Ein neues Jahr